编委会

主　　任：范卫平

副 主 任：阎晓明　田　进　童　刚　王　求
　　　　　王效杰　黄　炜　李京盛　陶世明

编　　委：武桂林　张君昌　赵丽平

执行主编：王闻俊

编　　辑：吴珍珍　孟芳卿　王　盟

策　　划：李　昉

文　　案：田香凝

资　　料：戎　融

制　　作：陈　毅　张绮月　张茗帜　郑剑南　曲　伸
　　　　　卢肖依　任　艾　曹航宇　霍逸凡　刘佳琪
　　　　　纪君奕　栾新萍　刘子赫　吕九海　赵子龙
　　　　　张星冉　樊安妮　翟一凡　傅柏燃　卜欣荣
　　　　　杨雨千　陈中瑞

新时代中国优秀广播电视作品案例库

中国广播电视大奖新媒体展示手册
2019—2020年度广播电视节目奖获奖作品

范卫平 主编

中国传媒大学出版社
·北京·

出版说明

中国广播电视大奖是经全国评比达标表彰工作协调小组批准设立的国家级广播电视优秀节目政府奖，旨在检阅我国广电系统宣传贯彻落实习近平总书记关于宣传舆论工作重要指示精神的年度成果，发挥优秀作品的示范作用，推动广电媒体坚持马克思主义新闻观、文艺观，积极宣传党的主张，深入反映群众呼声，唱响主旋律，传播正能量，努力提高新闻舆论传播力、引导力、影响力、公信力，巩固壮大主流思想舆论，为党和国家工作大局凝聚强大舆论力量、营造良好舆论氛围；引导广播电视工作者增强"四个意识"，坚定"四个自信"，做到"两个维护"，牢记职责使命，践行"四向四做"，增强"脚力、眼力、脑力、笔力"，保持人民情怀，记录伟大时代，讲好中国故事，传播中国声音，守正创新，做好新形势下新闻舆论工作，为实现"两个一百年"的奋斗目标和中华民族伟大复兴的中国梦不断作出更大贡献。该奖项由国家广播电视总局主办，中国广播电视社会组织联合会承办。目前每两年评选一届，每年评选上一年度的节目。

目 录

▌广播类大奖

▌消息类

实现百年跨越,见证中国速度,世界上首条时速 350 公里的智能化高速
　　铁路——京张高铁正式开通运营/3
5G 技术助力国产机器人完成全球首场骨科实时远程手术/4
今天的约谈不过关/5
各地驰援湖北抗击疫情医疗队 除夕夜陆续出发赶赴武汉/6
东丽中学家属院唯一公厕为"迎检"被街道强拆,居民"内急"成难题/7
抱团抱出金娃娃,20 村分红千万元/8
马正山在代表通道上报喜:独龙族实现整族脱贫/9
我区人均寿命提高到 70.6 岁/10
中俄东线天然气管道正式开通运营/11
江西为候鸟留下"口粮田"/12

▌评论类

"鼎家模式"屡屡"爆雷",亟待监管全程化跟进/15
环保要守住"数字",更要守住"初心"/16
南阳要占万亩基本农田建养猪场,岂能如此"拆东墙补西墙"? /17

▌专题类

外卖小哥"拼命"配送,冰冷算法中如何寻求温度? /21

决战 ICU/22
永远的"中国儿童号"/23
新中国文化生活记忆/24
一曲祖国颂　神州世代传/25
大山里的"摩托书记"/26
奔跑吧,"洛蓝古丽"/27
移民安置点的孩子们/28
新上海的 70 个瞬间/29
农村网红"大爆炸"/30
交通运输供给侧结构性改革,挑战与机遇并存/31

■ 现场直播类
百桥飞架新跨越——武汉杨泗港长江大桥通车直播/35
上海立法实施垃圾分类第一天/36
庆祝中华人民共和国成立 70 周年大会现场直播/37
人民至上/38
八方驰援,携手战"疫"——湖北广播抗击新冠肺炎疫情特别直播/39

■ 栏目类
奔跑吧！第一书记/43
新闻 1+2/44
第一书记朋友圈/45
交通新闻/46
焦点时刻/47

■ 对外传播类
"丝路名人中国行"参访新疆职业技能教育培训机构
　　中国积极探索从源头上遏制恐怖主义/51
山上山下的家/52
守　护/53

非遗无国界:"泥人张"作坊里的俄罗斯姑娘 /54
日本导演竹内亮:让全世界看到真实的武汉 /55

■ 对港澳台类
外资投资新法实施首日,深圳发出全国首张港资和澳资执照 /59
真实与谎言 /60
习近平金句触动台湾青年 /61
大湾区之声热评:期待香港重整行装再出发! /62
海峡两岸史前考古发掘研究再添新平台 /63

■ 广播剧类
金银潭 24 小时 /67
中国蛟龙 /68

■ 广播文艺类
有一种记忆叫守望 /71
悬崖村 /72
一首宁夏川,传唱几代人 /73
我心敦煌 挚爱之疆——作家叶舟的"敦煌情" /74
2020 中国声音中国年 /75

▍电视类大奖

■ 消息类
第四条对澳供水管道通水 60 万澳门居民用水再添重要保障 /79
全国首创,上海自贸区企业一证"闯天下" /80
我国第一艘国产航空母舰交付海军 习近平出席交接入列仪式 /81
我脱贫了 /82
扶贫项目"回头看" /83
一张照片里的这七年 总书记带领我们"精准脱贫" /84

"撑国安法"收集近300万签名　香港各界人士支持涉港国家
　　安全立法/85
脱贫之后/86
美警察暴力执法导致黑人男子死亡　抗议示威不停　局势紧张/87

▍评论类
免费服务　如此任性/91
一场大讨论　解开了一桩"两难"事/92
阻止疫情扩散也别让隐私扩散/93
习近平深圳重要讲话释放哪些改革开放最强音/94
中美观察/95

▍专题类
我们走在大路上/99
中国宣讲达人大会/100
中国出了个毛泽东·东方欲晓/101
张桂梅和她的女子高中/102
飞阅兵团/103
夏芳的暑假/104
江河同心/105
大山深处的守边人/106
滹沱筑梦/107
今日龙抬头/108
来之不易的丰收/109
点亮西合休乡新生活/110
鄱阳湖最后的渔民/111
另一个香港/112
城市的品格/113

■ 现场直播类

迎战台风"利奇马"大型融媒体直播/117

长江之恋——长江流域十二省市联合大直播/118

战疫情/119

2020《直通高考》/120

武汉·重启/121

■ 栏目类

开讲啦/125

海峡新干线/126

吉林新闻联播/127

开卷有理/128

新闻 1 + 1/129

■ 对外传播类

看中国生态建设及脱贫攻坚/133

武汉面孔/134

方舟·东黑冠长臂猿/135

最后的水上渔村/136

良　渚/137

中国广播电视大奖

广播类大奖·消息

广播类大奖·消息

作品标题：实现百年跨越，见证中国速度，世界上首条时速350公里的智能化高速铁路——京张高铁正式开通运营

作品信息

作品类型：广播类·消息
刊播单位：中央广播电视总台（央广）
报送单位：中央广播电视总台
主创人员：钱成、孟晓光、郭淼、刘黎黎
作品时长：3分50秒
播出栏目：《新闻纵横》
播出日期：2019年12月31日

推荐理由

该广播消息用声音记录了京张高铁首趟列车的运营情况，充分体现了京张高铁的历史价值、现实作用、人性化设计、智能化特点、奥运元素及施工难点，见证了中国铁路发展的历史性时刻以及中国综合国力的飞跃。

作品简介

2019年12月30日，京张高铁正式开通运营。记者登上首趟列车，全程记录列车的首发运营情况，并采访随车专家、旅客、工作人员。

新媒体展示

使用手机扫描下方二维码，即可观看本条获奖作品的新媒体展示。

作品标题：5G技术助力国产机器人完成全球首场骨科实时远程手术

作品信息

作品类型：广播类·消息
刊播单位：北京广播电视台
报送单位：北京市广播影视协会
主创人员：韩萌
作品时长：3分47秒
播出栏目：《整点快报》
播出日期：2019年6月27日

推荐理由

其一，5G和人工智能机器人两项尖端技术在医学领域强强联合，题材重大，社会关注度高。其二，抓住核心人物、核心现场，节目制作构思精妙，现场音响真实可贵，广播特点突出。

新媒体展示

使用手机扫描下方二维码，即可观看本条获奖作品的新媒体展示。

作品简介

该事件是5G技术在医疗领域应用的具体体现。记者首次尝试"现场实时解说+同期声"的形式，记录了令人紧张的手术关键步骤、成功的历史时刻。记者还发布了图文+音频+视频的报道，让受众全方位、多感官了解新闻现场。

作品标题　今天的约谈不过关

作品信息

作品类型:广播类·消息
刊播单位:贵州广播电视台
报送单位:贵州省广播电影电视协会
主创人员:陈久菊、谢红娟、王庆江
作品时长:4 分
播出栏目:《贵州新闻联播》
播出日期:2019 年 8 月 18 日

推荐理由

其一,视角独特:报道紧紧抓住安全生产集中约谈会中相关单位避重就轻这一关键点。其二,报道鲜活:所有音响都来自现场,现场感很强;不仅报道现象,还进行深层原因分析,升华报道主题,增强报道感染力。

作品简介

2019 年 8 月 17 日,贵州省安委办召开当年第三次安全生产集中约谈会,集中约谈近期发生较大安全事故的经营单位、职能部门负责人。针对各责任单位避重就轻、不提事故发生根本原因的情况,记者发回了这则约谈现场报道。

新媒体展示

使用手机扫描下方二维码,即可观看本条获奖作品的新媒体展示。

作品标题：各地驰援湖北抗击疫情医疗队除夕夜陆续出发赶赴武汉

作品信息

作品类型：广播类·消息
刊播单位：中央广播电视总台(央广)
报送单位：中央广播电视总台
主创人员：刘乐、杨静、周羽
作品时长：1分29秒
播出栏目：《新闻和报纸摘要》
播出日期：2020年1月25日

推荐理由

面对新闻事件，记者反应迅速，短时间内采制了这篇广播消息。稿件短小精悍，内容丰富生动，同期声运用巧妙，不仅很好地实现了事件本身的传播效果，也为抗击疫情营造了良好的舆论氛围。

新媒体展示

使用手机扫描下方二维码，即可观看本条获奖作品的新媒体展示。

作品简介

2020年1月24日，首批各地驰援湖北抗疫医疗队陆续出发赶赴武汉。记者第一时间抵达医疗队出发现场，用采访机记录现场声音，采访医疗队队员，用广播特有的语言生动呈现了除夕夜各地医护人员驰援武汉这一标志性事件。

作品标题

东丽中学家属院唯一公厕为"迎检"被街道强拆，居民"内急"成难题

作品信息

作品类型：广播类·消息
刊播单位：天津新闻广播 FM97.2
报送单位：天津市广播电视协会
主创人员：马晓萌、刘倩、王栋、谢百勤
作品时长：3 分 56 秒
播出栏目：《新闻第一报》
播出日期：2020 年 6 月 19 日

推荐理由

该报道事实清楚，证据充分，揭露了天津市河东区二号桥街道办事处为"迎检"强拆公厕的形式主义、官僚主义问题，发挥了主流媒体的舆论监督作用。

作品简介

为了迎接国家"创文"检查，位于天津市河东区建新东里10号口西侧的东丽中学家属院内唯一公厕被拆除，得到居民举报后，记者进行了暗访，调查事实真相，用录音证据直接证明了二号桥街道办事处存在形式主义、官僚主义的事实。

新媒体展示

使用手机扫描下方二维码，即可观看本条获奖作品的新媒体展示。

作品标题 抱团抱出金娃娃，20村分红千万元

 作品信息

作品类型：广播类·消息
刊播单位：浙江安吉广播电视台
报送单位：浙江省广播电影电视学会
主创人员：施亚军、郭彧灼、陈露、陈中杰
作品时长：3分15秒
播出栏目：《新闻和报纸摘要》
播出日期：2020年1月25日

 推荐理由

该作品在呈现分红喜悦的同时，介绍了天子湖镇在实现各村均衡发展、壮大集体经济上的巧妙做法，为全省乃至全国提供了可借鉴的"安吉案例"。

新媒体展示

使用手机扫描下方二维码，即可观看本条获奖作品的新媒体展示。

作品简介

"消薄"工作是实现乡村振兴、解决"三农"问题的重中之重，记者完整记录了20村分红千万元的整个过程，并采访了原先经济最薄弱的受荣村，生动展现了消薄强村后村民的喜悦之情，以及天子湖镇因地制宜，组团发展的典型做法。

马正山在代表通道上报喜：独龙族实现整族脱贫

作品信息

作品类型：消息类·长消息
刊播单位：云南广播电视台
报送单位：云南省广播电视学会
主创人员：文云红、李浩然、范龄文、张希熙
作品时长：2分16秒
播出栏目：《云广早新闻》
播出日期：2019年3月9日

推荐理由

该广播消息报道内容丰富翔实，通过现场同期声与文字报道相结合的方式，全面生动展现了独龙族群众实现整族脱贫的故事。作品时效性强，新闻事件意义重大，作品播出后得到受众一致好评，同时在新媒体端也得到广泛传播。

作品简介

2019年3月8日下午，全国"两会"举行第二场"代表通道"，云南省代表团马正山代表走上通道，向中外媒体宣布：整体贫困的独龙族群众已实现整族脱贫。

新媒体展示

使用手机扫描下方二维码，即可观看本条获奖作品的新媒体展示。

作品标题：我区人均寿命提高到 70.6 岁

作品信息

作品类型：消息类·长消息
刊播单位：中国西藏广播电视台
报送单位：西藏广播电视协会
主创人员：秦国风、刘瑾、张思婷、王攀
作品时长：3 分 27 秒
播出栏目：《西藏新闻联播》
播出日期：2019 年 6 月 7 日

推荐理由

这篇广播消息充分发挥广播特色，语言凝练、通俗易懂；通过直击事实核心，紧扣主题，起到了管中窥豹，可见一斑的宣传效果。西藏的卫生健康事业不断发展、壮大，也具有深远的历史意义、时代意义。

新媒体展示

使用手机扫描下方二维码，即可观看本条获奖作品的新媒体展示。

作品简介

2019 年 5 月 23 日，国家卫健委召开新闻发布会，介绍西藏的卫生健康工作情况。记者深入基层，从西藏医疗设施建设、卫生服务体系以及卫生援藏等方面入手，以小切口反映大主题，多角度、全方位地报道了西藏医疗卫生事业的发展变化。

作品标题 > 中俄东线天然气管道正式开通运营

作品信息

作品类型：消息类·长消息
刊播单位：黑龙江广播电视台
报送单位：黑龙江省广播电视协会
主创人员：王伟、王法威、张露阳、王莹
作品时长：3分51秒
播出栏目：《这里是黑龙江》
播出日期：2019年12月2日

推荐理由

作品选题意义重大，时效性强。稿件结构清晰、层层递进，以更广阔的视角，通过有限的篇幅将这个项目投产的现实意义、深远影响说清说透，社会影响力大，传播效果好。

作品简介

2019年正值中俄建交70周年，中俄东线天然气管道在中俄两国元首视频连线的共同见证之下正式开通。记者密切跟踪中俄东线天然气管道项目进展，第一时间制作完成录音报道，及时向社会公众传递出这一激动人心的消息。

新媒体展示

使用手机扫描下方二维码，即可观看本条获奖作品的新媒体展示。

作品标题：江西为候鸟留下"口粮田"

作品信息

作品类型：广播类·消息
刊播单位：江西广播电视台
报送单位：江西省广播电视协会
主创人员：龚小娟、李先、何灵、王师娥
作品时长：3分59秒
播出栏目：《新闻晚高峰》
播出日期：2020年12月23日

推荐理由

这篇报道主题重大，立意深远；以小见大，用生动实例说明江西生态文明建设深入人心，卓有成效；制作精良，感染力强，白鹤觅食、候鸟齐飞等大量现场同期声的运用给节目增色不少。

新媒体展示

使用手机扫描下方二维码，即可观看本条获奖作品的新媒体展示。

作品简介

由于2020年7月江西遭遇特大洪水，候鸟在鄱阳湖无法觅食，纷纷到农田、藕田里觅食，但是从政府到百姓的生态保护意识都有了很大的提升，江西部分地区采取"赎买良田"的办法，保障候鸟的口粮和农民的利益。

中国广播电视大奖

广播类大奖·评论

作品标题: "鼎家模式"屡屡"爆雷",亟待监管全程化跟进

作品信息

作品类型:广播类·评论
刊播单位:浙江广电集团交通之声
报送单位:浙江省广电协(学)会
主创人员:雷学勤、陶岳志、贾健
作品时长:9分55秒
播出栏目:《全媒体连接》
播出日期:2019年12月24日

推荐理由

该评论切中年度社会痛点,引起听众强烈共鸣:"确实该管管了。"评论中发声的专家分属四个不同的相关领域,专家们从现象到本质进行了评论,条分缕析,有理有据,观点鲜明,说服力强。

作品简介

全国"长租公寓"破产第一案——鼎家破产清算案引起人们的极大关注。而2019年以来,长租公寓、培训机构屡屡"爆雷","套路跑"、各种金融骗局集中爆发。该评论针对这一社会痛点和监管难点展开评论。

新媒体展示

使用手机扫描下方二维码,即可观看本条获奖作品的新媒体展示。

作品标题：环保要守住"数字"，更要守住"初心"

作品信息

作品类型：广播类·评论
刊播单位：河南交通广播
报送单位：中广联合会交通宣传委员会
主创人员：卢慎勇、刘寅、王昊、耿秀娟
作品时长：6分03秒
播出栏目：《绿色田园》
播出日期：2019年6月10日

推荐理由

作品站位高、立意新，直面社会热点问题；论证严谨，论述有力，结构简练，语言生动。节目播出后，在社会上反响热烈，赢得了广大基层干部群众以及环保、纪检监察系统等多方称赞。

新媒体展示

使用手机扫描下方二维码，即可观看本条获奖作品的新媒体展示。

作品简介

2019年6月6日，河南省上蔡县发生了一起为了环保数据好看，禁止农民使用收割机收麦事件。记者敏锐地捕捉并跟踪这一典型事件，通过多方采访，检视事件的发生、进展和结果，对其暴露出来的问题进行抽丝剥茧般的深入剖析。

南阳要占万亩基本农田建养猪场，岂能如此"拆东墙补西墙"？

作品信息

作品类型：广播类·评论
刊播单位：中央广播电视总台（央广）
报送单位：中央广播电视总台
主创人员：谭联、肖源、李宇飞、刘黎黎
作品时长：10分
播出栏目：《新闻纵横》
播出日期：2020年8月27日

推荐理由

该选题站位高、立意深，中央关注、百姓关心。报道敢于碰硬，调查充分，证据扎实。评论观点鲜明、论证充分，报道播出后，耕地"非粮化"问题得到进一步重视，防止耕地"非粮化"这一内容也出现在2021年《政府工作报告》中。

作品简介

该报道以新闻述评的形式，抽丝剥茧般地呈现了万亩基本农田被占一事的全貌。评论旗帜鲜明地指出，"锅里有肉"的前提是"碗里有粮"，不能"拆东墙补西墙"，18亿亩的耕地红线必须守住。

新媒体展示

使用手机扫描下方二维码，即可观看本条获奖作品的新媒体展示。

中国广播电视大奖

广播类大奖·专题

作品标题：外卖小哥"拼命"配送，冰冷算法中如何寻求温度？

作品信息

作品类型：广播类·专题
刊播单位：北京交通广播
报送单位：北京广播电视台
主创人员：王楠
作品时长：9 分 28 秒
播出栏目：《交通新闻热线》
播出日期：2020 年 9 月 16 日

推荐理由

本专题关注外卖骑手这一弱势群体，既有客观翔实的现场调查，也包含抽丝剥茧般的探讨分析，更提出了具有前瞻性的解决方案，及时、客观、全面，在同类报道中更有深度。

作品简介

本专题关注外卖骑手这一弱势群体，记者实事求是地进行了一线实地调研，通过街头采访、体验式采访等方式，展现了外卖骑手配送环境的真实现状；通过采访行业专家、学者，对痛点原因进行了深入分析，提出了具有前瞻性的方案。

新媒体展示

使用手机扫描下方二维码，即可观看本条获奖作品的新媒体展示。

作品标题: 决战 ICU

作品信息

作品类型：广播类·专题
刊播单位：广东新闻广播
报送单位：广东广播电视台
主创人员：李红忠、何鑫、陈凯、周敏莉
作品时长：15 分 28 秒
播出栏目：《新闻能见度》
播出日期：2020 年 9 月 16 日

推荐理由

稿件抛弃传统新闻写作的金字塔结构，开头就从 ICU 内发生的紧急事件切入，通过细腻的描写和大量同期声的运用，将听众迅速带入到 ICU 的场景中。整个稿件叙述了三个故事，以小的切入点去展现 ICU 内的紧张、危险和希望。

新媒体展示

使用手机扫描下方二维码，即可观看本条获奖作品的新媒体展示。

作品简介

稿件真实地反映了 ICU 内的情况，诠释了广东医疗队队员大爱无疆、医者仁心的崇高精神，传递了广东人民同湖北人民同舟共济、共渡难关的深厚情谊，展现了"全国一盘棋"的广东担当、广东责任。

作品标题：永远的"中国儿童号"

作品信息

作品类型：广播类·专题
刊播单位：江苏省广播电视总台(集团)
报送单位：江苏省广播电影电视协会
主创人员：王悦、严浩、谢浩、胡骏
作品时长：23分20秒
播出栏目：《小星星》
播出日期：2020年12月30日

推荐理由

节目主题鲜明、立意深远、采访充分、资料翔实，对引领广大少年儿童健康成长，自觉接受爱国主义和革命传统教育，发扬老一辈少先队员的时代精神，做新一代有理想的接班人，具有较强感召力和普遍现实意义。

作品简介

节目以"红领巾心向党、祖国发展我成长"为主线，围绕当时影响全国的倡议捐献"中国儿童号"飞机活动这一历史事件，运用翔实的文献资料，通过深度采访、角色扮演等方式讲述故事，回顾历史，展望未来。

新媒体展示

使用手机扫描下方二维码，即可观看本条获奖作品的新媒体展示。

作品标题 新中国文化生活记忆

作品信息

作品类型：广播类·专题
刊播单位：中央广播电视总台(央广)
报送单位：中央广播电视总台
主创人员：集体
作品时长：19分25秒、17分13秒、20分11秒
播出栏目：《文艺大家谈》
播出日期：2019年9月9日、9月12日、9月16日

推荐理由

该系列节目选题精当，内容厚重，角度新颖；采访深入，内容贴近生活、贴近听众；音响丰富，制作精良，感染力、可听性强，是献礼新中国70周年华诞的用心之作。节目采用全媒体报道、多平台播出，产生了较大的传播力和影响力。

新媒体展示

使用手机扫描下方二维码，即可观看本条获奖作品的新媒体展示。

作品简介

该系列节目以长安大戏院、天桥剧场等10处著名文化场馆作为报道切入点，聚焦在这些场馆发生的重要历史事件、上演(映)的经典作品，展现70年来新中国文化艺术领域所取得的巨大成就，展现人民群众文化生活的巨大变化。

作品标题: 一曲祖国颂 神州世代传

作品信息

作品类型：广播类·专题
刊播单位：天津海河传媒中心
报送单位：天津市广播电视协会
主创人员：万福念、吴妍妍、谷菲、董朗、彭丹、谢百勤、印永清
作品时长：17分22秒
播出栏目：《新闻进行时》
播出日期：2019年10月1日

推荐理由

整篇作品脉络清晰，采访细致扎实，音响素材丰富，采写角度新颖，不单单写创作经过，而且站在今天的视角，去探究经典永流传的真谛，字里行间饱含深情，感人至深，引发社会各界强烈反响，达到良好的传播效果。

作品简介

记者兵分四路，分别探访上海、天津等地，探寻69年前诞生的祖国颂歌《歌唱祖国》至今传唱不衰的原因，还原王莘的成长轨迹，了解歌曲的创作经过，回顾传唱中的经典瞬间，还记录了庆祝新中国成立70周年大会上众人齐唱该曲目的全程。

新媒体展示

使用手机扫描下方二维码，即可观看本条获奖作品的新媒体展示。

作品标题 大山里的"摩托书记"

 作品信息

作品类型：广播类·专题
刊播单位：辽宁广播电视台
报送单位：辽宁省广播电视协会、辽宁省广播电视局
主创人员：集体
作品时长：12分54秒
播出栏目：《新闻新视野》
播出日期：2020年9月17日

 推荐理由

作品以故事化的讲述方式创新主题类报道的表达形式，深入发掘先进典型，原汁原味地使用地方方言，生动塑造人物形象，是一篇有思想、有温度、有品质的报道，也是一篇体现新闻工作者"脚力、眼力、脑力、笔力"的佳作。

新媒体展示

使用手机扫描下方二维码，即可观看本条获奖作品的新媒体展示。

 作品简介

作品讲述了加碑岩乡黄木杖子村党支部书记贺玉复带领村民致富的故事。作品以广播纪录片的形式，采用行进式的手法，记录了贺玉复日常的一天，原生态展现了当地村民生产生活的场景，以小切口呈现决战决胜脱贫攻坚的大主题。

| 作品标题 | 奔跑吧，"洛蓝古丽" |

作品信息

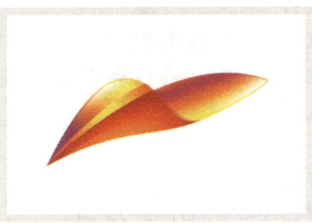

作品类型：广播类·专题
刊播单位：新疆广播电视台
报送单位：新疆维吾尔自治区广播电视协会
主创人员：何滨、王璇、董智勇、王继龙、肖亚丽
作品时长：15分26秒
播出栏目：《金土地》
播出日期：2020年11月15日

推荐理由

作品以小见大，充分展现出新疆贫困地区在各项扶贫措施下，社会面貌和群众思想观念的深刻变化，充分展现出各族群众日益增强的获得感、幸福感、安全感，让国际社会了解了真实的新疆，有力地回击了西方涉疆反华谬论。

作品简介

洛浦县电子商务产业园的"洛蓝古丽"直播团队，由四位20岁左右的维吾尔族姑娘组成。作品巧妙地通过"双11"一天的直播活动，展现了四位姑娘思想观念的转变、生活方式的变化，以及对未来美好生活的憧憬。

新媒体展示

使用手机扫描下方二维码，即可观看本条获奖作品的新媒体展示。

作品标题：移民安置点的孩子们

作品信息

作品类型：广播类·专题
刊播单位：贵阳广播电视台
报送单位：贵州省广播电影电视协会
主创人员：陈蓓
作品时长：13分40秒
播出栏目：《红帆船》
播出日期：2019年10月22日

推荐理由

作者深入基层，扎实采访，采制了翔实的音效素材，并通过孩子的视角，真实朴素地展现了易地扶贫安置工作的成果，是一篇以小见大的广播佳作。

新媒体展示

使用手机扫描下方二维码，即可观看本条获奖作品的新媒体展示。

作品简介

作品以移民安置点的孩子的视角和感受，从面到点地进行呈现。面，是刚入学的三年级同学们的感受采访；点，是入学一年多的吴晶晶同学搬迁前后的比较。作品通过孩子们生活学习方面的改变呈现扶贫攻坚的成果，真实有力。

作品标题 新上海的70个瞬间

作品信息

作品类型：广播类·专题
刊播单位：上海广播电视台
报送单位：上海市广播电视协会
主创人员：集体
作品时长：5分28秒、3分22秒、3分30秒
播出栏目：《990早新闻》
播出日期：2019年5月27日、6月10日、6月19日

推荐理由

该作品的视角独到，以小切口连缀起来，覆盖了城市经济发展、社会生活的各个方面，铺就一幅视野开阔的大图景。作品充分挖掘历史音像资料和记者的新鲜采访素材，配合新媒体呈现方式，产生了更丰富的多维体验。

作品简介

该作品以70个史料翔实、制作精良的传奇故事绘制成一幅1949—2019年申城"奋斗创造传奇"的长画卷，通过知情者个体口述、记录者客观表达、历史音响还原等方式，展现时代成就、城市精神，勾勒出更高发展层次的未来城市愿景。

新媒体展示

使用手机扫描下方二维码，即可观看本条获奖作品的新媒体展示。

作品标题 农村网红"大爆炸"

 作品信息

作品类型：广播类·专题
刊播单位：四川广播电视台
报送单位：四川省广播电视学会
主创人员：邓雅薪、黄若斯、任亚婧、
　　　　　余闵、贾逢韬
作品时长：24分15秒
播出栏目：《新闻夜航号》
播出日期：2019年12月30日

 推荐理由

作品角度新颖、以小见大，弘扬新时代农村网红助力脱贫攻坚的社会正能量。作品在叙事上注重增强故事感，文字表达干净利落、自然淳朴，声音元素丰富，充分利用原汁原味的场景音，使作品更具有画面感和感染力。

新媒体展示

使用手机扫描下方二维码，即可观看本条获奖作品的新媒体展示。

 作品简介

该作品聚焦2019年呈井喷式发展的农村网红现象，以新闻专题的形式记录农村网红的真实生活，挖掘他们的故事，反映他们的心声，解读其产生、生长以及发展的原因与趋势，展现农村网红在中国乡村振兴中所发挥的新锐力量。

作品标题：交通运输供给侧结构性改革，挑战与机遇并存

作品信息

作品类型：广播类·专题
刊播单位：河北广播电视台
报送单位：河北省广播电影电视协会
主创人员：尚斌、张静、江鸿、边宇峰
作品时长：7分25秒
播出栏目：《992早高峰》
播出日期：2019年12月24日

推荐理由

该作品紧扣时代脉搏，主题鲜明，服务大局。作品通过深入的调查和扎实的采访，对交通运输供给侧结构性改革的现状及问题进行了深入剖析，并给出了解决方法，是一篇优秀的新闻舆论宣传作品。

作品简介

作品通过鲜活的改革案例，以讲故事的方式，对发生在道路运输从业者、企业及政府部门之间的改革矛盾问题，进行了多角度解读分析，澄清了部分不实说法，团结和鼓舞了广大货运从业者在挑战中寻求发展机遇。

新媒体展示

使用手机扫描下方二维码，即可观看本条获奖作品的新媒体展示。

中国广播电视大奖

广播类大奖·现场直播

广播类大奖·现场直播

作品标题：百桥飞架新跨越——武汉杨泗港长江大桥通车直播

作品信息

作品类型：广播类·现场直播
刊播单位：湖北广播电视台、江苏省广播电视总台(集团)
报送单位：湖北省广播电视学会
主创人员：集体
作品时长：1时43分23秒
播出栏目：特辟时段
播出日期：2019年10月8日

推荐理由

该现场直播策划构思精巧,将武汉杨泗港长江大桥正式通车的联合直播置于新中国成立70周年成就报道的大框架下组织实施,使受众通过长江上150多座大桥的建设历程,感受祖国伟大的建设成就。

作品简介

多路记者从当天正式通车的武汉杨泗港长江大桥及长江上多座跨江大桥发回报道,生动讲述了大桥故事,让听众有身临其境的现场感。直播层次分明、嘉宾权威、讲述生动,展现了中国人民在追梦路上逢山开路、遇水架桥的伟大精神。

新媒体展示

使用手机扫描下方二维码,即可观看本条获奖作品的新媒体展示。

作品标题 ▶ 上海立法实施垃圾分类第一天

作品信息

作品类型:广播类·现场直播
刊播单位:上海广播电视台东方广播中心
报送单位:上海广播电视协会
主创人员:毛维静、刘匀娴、沈馨、李英蕤
作品时长:26分57秒
播出栏目:《990早新闻》
播出日期:2019年7月1日

推荐理由

上海是全国第一个立法实施垃圾分类的城市。2019年7月1日,该法律正式实施的第一天,全市关注,全国瞩目。该节目将话筒和镜头对准垃圾分类的第一现场,展现整个城市为此所做的精心准备以及实施垃圾分类的决心。

新媒体展示

使用手机扫描下方二维码,即可观看本条获奖作品的新媒体展示。

作品简介

节目直播时恰逢浦东某小区垃圾定时投放,记者跟随居民一起前往垃圾投放点,与志愿者交流,并采访城管执法人员。整个过程生动地体现了上海市民对于垃圾分类所做的充分准备,向听众展示了现场井然有序的引导流程。

作品标题 ▶ 庆祝中华人民共和国成立 70 周年大会现场直播

作品信息

作品类型:广播类·现场直播
刊播单位:中央广播电视总台(央广)
报送单位:中央广播电视总台
主创人员:集体
作品时长:2 时 45 分 57 秒
播出栏目:特辟时段
播出日期:2019 年 10 月 1 日

推荐理由

这是总台(央广)历史上同类直播中质量最高的一次直播,它既是对 70 年来央广开国大典及历次国庆直播的接续传承,又是在此基础上的完善超越。这得益于主创人员对直播的反复打磨和对声音传播特点的深入理解。

作品简介

中央广播电视总台庆祝中华人民共和国成立 70 周年大会广播现场直播时长近 3 个小时,文字稿件近 4 万字。该直播经过前期的充分准备、精心打磨,以饱满的状态、流畅的节奏、精准的描述,完美呈现了国之大典的隆重与庄严。

新媒体展示

使用手机扫描下方二维码,即可观看本条获奖作品的新媒体展示。

作品标题：人民至上

作品信息

作品类型：广播类·现场直播
刊播单位：中央广播电视总台
报送单位：中央广播电视总台
主创人员：集体
作品时长：3时51分37秒
播出栏目：特辟时段
播出日期：2020年9月8日

推荐理由

《人民至上》充分调动各种广播手法，用直逼人心的现场声音、浓郁充沛的内心情感、海量的战"疫"亲历者的讲述，如实记录了这铭刻历史的光彩瞬间，让人们身临其境，亲耳聆听习近平总书记首次阐述伟大抗疫精神。

新媒体展示

使用手机扫描下方二维码，即可观看本条获奖作品的新媒体展示。

作品简介

三场时政活动现场感强，直播大气、流畅、精准；逻辑严密，层次感强，充分体现了"人民的英雄、英雄的人民"这一主题。主持人积极、庄重、大气，注重与新媒体联动。

作品标题

八方驰援，携手战"疫"
——湖北广播抗击新冠肺炎疫情特别直播

作品信息

作品类型：广播类·现场直播
刊播单位：湖北广播电视台
报送单位：湖北省广播电视学会
主创人员：集体
作品时长：3时15分3秒
播出栏目：湖北广播十台应急直播
播出日期：2020年2月23日

推荐理由

这是全国媒体中首个全面报道湖北战"疫"实况的大型直播，是记录武汉保卫战、湖北保卫战珍贵的历史档案，立体展现了我国的制度优势和制度自信，充满了正能量，引发受众的强烈共鸣。

作品简介

数十个真实的新闻现场，全面、深入、立体呈现了这场波澜壮阔的伟大的"人民战争"中，全国上下坚定信心，兄弟省市同舟共济，政府市民科学防治、精准施策的决心与举措，凸显了中国特色社会主义的制度优势与大国责任。

新媒体展示

使用手机扫描下方二维码，即可观看本条获奖作品的新媒体展示。

中国广播电视大奖

广播类大奖·栏目

广播类大奖·栏目

作品标题： 奔跑吧！第一书记

  作品信息

作品类型：广播类·栏目
刊播单位：安徽广播电视台
报送单位：安徽省广播电影电视联合会
主创人员：高天畅、林晓静、伊未敏、马齐东、谈秀彩
播出频道：江西综合新闻频率
创办日期：2017年7月1日

 推荐理由

该栏目已经成为安徽广播电视台栏目品牌化建设的一个标杆，更成为安徽广播电视台脱贫攻坚宣传的主阵地。该栏目持续为第一书记精准扶贫发声，发挥宣传服务平台的功能，讲好脱贫攻坚故事，助力打赢脱贫攻坚战。

 作品简介

作为安徽省首档广播类融媒体脱贫攻坚公益服务栏目、第一书记精准扶贫省内唯一宣传服务平台，《奔跑吧！第一书记》以现场访谈、新闻专题等形式，用鲜活的事例、丰富的细节和生动的广播语言，勾画出安徽精准扶贫工作的画卷及驻村第一书记的群像。

 新媒体展示

使用手机扫描下方二维码，即可观看本条获奖作品的新媒体展示。

作品标题: 新闻1+2

作品信息

作品类型：广播类·栏目
刊播单位：江西广播电视台
报送单位：江西省广播电视协会
主创人员：刘乐明、黄燕、王霖、杨玥、高哲斌
播出频道：江西综合新闻频率
创办日期：2018年8月21日

推荐理由

该栏目始终坚持首创原创，力求角度新、观点锐、视野广、有启迪，做到与其他媒体不雷同、有特色。栏目拥有专业的评论队伍和稳定的受众群体，并与新媒体深度融合，社会效果和业内评价均较好。

新媒体展示

使用手机扫描下方二维码，即可观看本条获奖作品的新媒体展示。

作品简介

《新闻1+2》是江西广播媒体中首档音视频时事访谈栏目。栏目立足江西，面向全国，点评最新、最热、老百姓最关注的新闻，并通过新闻背后的延伸分析、深度挖掘，在互动和碰撞中提炼出不同观点。

作品标题	第一书记朋友圈

 作品信息

作品类型：广播类·栏目
刊播单位：山东广播电视台
报送单位：山东省广播电视协会
主创人员：俞青青、权珍琦、高炜、司卫刚、姜文超
播出频道：山东广播电视台乡村广播
创办日期：2016年12月5日

 推荐理由

该栏目积极促使参与帮扶的企业和项目运营主体实现互利共赢；帮助整合社会资源，提供帮扶服务；以传播放大、示范带动为目的，推动山东乡村广播从单纯的旁观者、宣传者成为脱贫攻坚产业扶贫项目的参与实施者。

 作品简介

《第一书记朋友圈》为融媒体属性的产业扶贫宣传栏目，同时也是一个公益项目。栏目广泛动员社会力量，招募社会各界爱心人士担任"扶贫志愿者"，以众筹产业扶贫项目的方式，支援全省各级选派的第一书记打赢脱贫攻坚战。

 新媒体展示

使用手机扫描下方二维码，即可观看本条获奖作品的新媒体展示。

作品标题	交通新闻

作品信息

作品类型：广播类·栏目
刊播单位：北京广播电视台
报送单位：北京广播影视协会
主创人员：集体
作品时长：13分34秒、13分9秒
播出频道：北京交通广播
播出日期：2020年6月18日、2020年11月24日

推荐理由

节目围绕疫情防控后的交通情况展开，编排了北京本地和国内国外的疫情防控新闻和交通新闻，其中包括市民亟待了解的实用出行信息。节目时效性、现场感强，报道内容新鲜实用，对市民出行、做好防控具有很强的指导意义。

新媒体展示

使用手机扫描下方二维码，即可观看本条获奖作品的新媒体展示。

作品简介

节目内容涉及嫦娥五号探测器成功发射，以及疫情防控下铁路、民航、公园景区和共享单车等方面的情况。节目编排的新闻题材重大、信息丰富，既有重大新闻，又兼顾本地和国内外多条消息，时效性和可听性都很强。

作品标题：焦点时刻

作品信息

作品类型：广播类·栏目
刊播单位：湖北广播电视台
报送单位：湖北省广播电视学会
主创人员：集体
作品时长：89分30秒、89分30秒
播出频道：湖北之声
播出日期：2020年1月23日、2020年9月8日

推荐理由

该节目既是重大历史时刻的见证，也是新闻业务水平的体现，能做到内容如此丰富，是基于节目组过硬的应急实力和对新闻热点素材的丰厚积累；此外，主持人大方得体、即播即评的主持风格也为节目增色不少。

作品简介

节目围绕抗击疫情中值得记录的历史时刻展开，将关注的重点放在释疑解惑、安抚民心上，呼吁大家配合防疫政策，并传递生活物资供应有保障的信心，由点到面，全景展现了这场波澜壮阔的战"疫"。

新媒体展示

使用手机扫描下方二维码，即可观看本条获奖作品的新媒体展示。

中国广播电视大奖

广播类大奖·对外传播

作品标题: "丝路名人中国行"参访新疆职业技能教育培训机构 中国积极探索从源头上遏制恐怖主义

作品信息

作品类型：广播类·对外传播
刊播单位：中央广播电视总台
报送单位：中央广播电视总台
主创人员：王琦、范珣、汤剑昆、夏勇敏
作品时长：6分11秒
播出栏目：《焦点新闻》
播出日期：2019年1月17日

推荐理由

该节目展示了外媒记者经实地采访后，对我国开办职业技能教育培训中心、采取"组合拳"打击恐怖主义和极端势力的做法给予了认可，报道后达到了解疑释惑、澄清事实、赢得支持、"借嘴说话"的目的，取得了良好的对外传播效果。

作品简介

作品通过体验式采访，用事实深刻揭示了新疆的发展、稳定与反恐、去极端化之间的逻辑关系，展现了外籍媒体人士通过亲身走访，改变了原有的想法，对我国开办教培中心的合理性、独创性和有效性予以理解、认可甚至赞同的过程。

新媒体展示

使用手机扫描下方二维码，即可观看本条获奖作品的新媒体展示。

作品标题 ▶ 山上山下的家

作品信息

作品类型：广播类·对外传播
刊播单位：中央广播电视总台
报送单位：中央广播电视总台
主创人员：张婉、王晓宇、李培春、李明月、Tony Reid
作品时长：16 分 48 秒
播出栏目：《脉动中国》
播出日期：2020 年 10 月 16 日

推荐理由

作品透过一个家庭的祖孙情，阐释了脱贫搬迁、产业扶贫、生态扶贫、医疗扶贫、教育扶贫等扶贫政策。作品通过山上山下的自然声音的串联，使火热生活场景与朴素世外桃源相得益彰，从点滴中窥见脱贫成就，并诠释了中国人对亲情的理解。

新媒体展示

使用手机扫描下方二维码，即可观看本条获奖作品的新媒体展示。

作品简介

记者探访了西藏地区人口最少的少数民族族群——僜巴人。一个普通僜巴家庭的祖孙情将山下新村年轻人的小康生活与山上老年人的传统木屋生活紧密连接在一起，在"人情"与"孝道"中见证当地脱贫攻坚与文化保护有机结合所取得的成就。

作品标题　　守　护

作品信息

作品类型：广播类·对外传播
刊播单位：四川广播电视台
报送单位：四川省广播电视学会
主创人员：陈军、张欣、邓雅薪、刘国庆
作品时长：25 分 36 秒
播出栏目：新年特别节目
播出日期：2019 年 12 月 31 日

推荐理由

主创团队运用大量原汁原味的"声音场景"串联起所见所闻,让作品有生动真实之感。场景化的故事推进、原生态的歌声元素,让作品自然流畅,很好地体现了中国人与自然和谐共生的价值建构和人文关怀。

作品简介

2019 年是科学发现大熊猫 150 周年。主创团队从 150 年来和大熊猫有关的众多故事里"淘"出了一个鲜活的故事,向海内外受众生动展现了四川乃至中国卓有成效的"国宝"保护成绩。

新媒体展示

使用手机扫描下方二维码,即可观看本条获奖作品的新媒体展示。

作品标题 ▶ 非遗无国界："泥人张"作坊里的俄罗斯姑娘

作品信息

作品类型：广播类·对外传播
刊播单位：天津海河传媒中心
报送单位：天津市广播电视学会
主创人员：苗青青、陶微微、隋怡、
　　　　　崔昕昕、刘承军
作品时长：11分41秒
播出栏目：《全景中国》
播出日期：2020年10月5日

推荐理由

作品主题鲜明,讲述的故事生动并富有感染力,节奏流畅,在紧扣时代脉搏的同时,展现了人物的鲜活性以及跨文化交流的魅力。作品以小见大,以外国人的视角讲述中国故事,充分发挥了正面宣传的作用。

新媒体展示

使用手机扫描下方二维码,即可观看本条获奖作品的新媒体展示。

作品简介

作品通过外国姑娘达妮娅从热爱中国文化,到扎根中国,并希望将中国传统非遗技艺传播到国外去的故事,展示中华文化魅力,展现了当代中国文化的创新发展和良好风貌。

作品标题：日本导演竹内亮：让全世界看到真实的武汉

作品信息

作品类型：广播类·对外传播
刊播单位：江苏省广播电视总台(集团)
报送单位：江苏省广播电影电视协会
主创人员：张倩、顾倩颖、金晶、刘敏、
　　　　　马骊雪豪、倪恩泉
作品时长：9分20秒
播出栏目：《全景中国》
播出日期：2020年8月6日

推荐理由

该专题报道采访记录了竹内亮和其团队拍摄纪录片《好久不见，武汉》的创作历程。报道内容厚重，时效性、针对性强，通过外国人的视角观察武汉，在外宣平台上播出更具有传播力、说服力和感染力。

作品简介

该专题报道采访记录了竹内亮和其团队拍摄纪录片《好久不见，武汉》的创作历程，竹内亮直言纪录片里有武汉人的坚韧和豁达，希望能消除偏见，让全世界看到一个更真实的武汉。

新媒体展示

使用手机扫描下方二维码，即可观看本条获奖作品的新媒体展示。

中国广播电视大奖

广播类大奖·对港澳台

作品标题：外资投资新法实施首日，深圳发出全国首张港资和澳资执照

作品信息

作品类型：广播类·对港澳台
刊播单位：深圳广播电影电视集团
报送单位：中广联合会对港澳台广播节目委员会
主创人员：李晓梅、熊忾洋
作品时长：3分43秒
播出栏目：《898晚新闻》
播出日期：2020年1月1日

推荐理由

作者敏锐地抓住"零点"这一重要时间节点，提前布局，联系采访对象，并在节目中直接采用采访对象的同期声。在补充完善相关背景资料后，《898晚新闻》在第一时间顺利报道了新法实施首日，全国首张港资和澳资执照诞生这一重要新闻事件。

作品简介

2020年，我国《外商投资法》和《外商投资法实施条例》正式实施。新年第一天，零点，深圳发出全国首张港资和澳资企业电子营业执照。

新媒体展示

使用手机扫描下方二维码，即可观看本条获奖作品的新媒体展示。

作品标题　　**真实与谎言**

 作品信息

作品类型：广播类·对港澳台
刊播单位：中央广播电视总台港澳台节目中心
报送单位：中广联合会对港澳台广播节目委员会
主创人员：集体创作
作品时长：11分22秒、11分27秒、10分26秒
播出栏目：《两岸好生活》
播出日期：2019年12月23日、12月25日、12月28日

 推荐理由

该节目代表大陆主流媒体发声，对如此高难度、高敏感的话题进行了系统论述，逻辑严密、条理清晰、形式新颖、制作精良，在对台广播宣传中堪称开先河之作。

新媒体展示

使用手机扫描下方二维码，即可观看本条获奖作品的新媒体展示。

作品简介

该作品题材重大、形式出新，以纪实手法展开论证，说理而不说教，通过揭示事实辨明学理，有力反击了民进党当局的"文化台独"，凸显了对台宣传的政治意义与理论价值。

| 作品标题 | 习近平金句触动台湾青年 |

作品信息

作品类型：广播类·对港澳台
刊播单位：海峡之声广播电台
报送单位：海峡之声广播电台学会
主创人员：庄杨筱、邹志伟、郑颖、朱乐
作品时长：3分54秒
播出栏目：《666新闻特快》
播出日期：2019年1月3日

推荐理由

该作品紧扣《告台湾同胞书》发表40周年这一重要节点，在大背景下寻找小切口，报道及时、效果良好。该消息在广播播出的同时，充分利用新媒体矩阵，于"两微一端"联动发布，被多家媒体转载，形成辐射性传播。

作品简介

2019年1月2日举行的《告台湾同胞书》发表40周年纪念会引发两岸关注。记者采访了在厦门创业就业的台湾青年代表，通过台湾青年的视角表现习总书记讲话的鼓舞人心，表达了"两岸统一是历史大势，两岸青年应携手共圆中国梦"的主题。

新媒体展示

使用手机扫描下方二维码，即可观看本条获奖作品的新媒体展示。

作品标题 大湾区之声热评：期待香港重整行装再出发！

 作品信息

作品类型：广播类·对港澳台
刊播单位：中央广播电视总台港澳台节目中心
报送单位：中广联合会对港澳台广播节目委员会
主创人员：王全杰、胡翼、严雨寒、张蓓
作品时长：3分20秒
播出栏目：《湾区速递》
播出日期：2020年5月29日

 推荐理由

该评论在全国人大表决通过涉港国安立法决定后第一时间撰写刊发，言辞犀利，有理有据，时效性佳。同时推出粤语视频版，在境内外各平台形成全媒体多渠道立体化推送，得到国务院港澳办主要领导同志的充分肯定。

新媒体展示

使用手机扫描下方二维码，即可观看本条获奖作品的新媒体展示。

 作品简介

作者在十三届全国人大三次会议表决通过涉港国安立法决定后，第一时间撰写评论，对涉港国安立法的背景、影响及意义展开有理有据的评论，对香港市民正确认识制定香港国安法的重要意义起到了积极作用。

作品标题：海峡两岸史前考古发掘研究再添新平台

作品信息

作品类型：广播类·对港澳台
刊播单位：福建省广播影视集团东南广播公司
报送单位：福建省广播电视协会
主创人员：叶军民、黄守明、林兴华、陈真
作品时长：3分15秒
播出栏目：《晚安台湾》
播出日期：2019年10月30日

推荐理由

该作品主题突出，逻辑清晰，背景材料运用得当。作品跳出新闻事件本身，聚焦于基地的设立对于"增进台胞文化认同，建设两岸共同家园"的重要作用，体现出记者、编辑较强的新闻敏感和勇于创新的工作态度。

作品简介

海峡两岸南岛语族考古教学实习基地在福建平潭揭牌成立，为海峡两岸史前考古发掘研究再添新平台。本消息主题鲜明、内涵丰富、感染力强，面向中国台湾、东南亚国家和地区定向播出，引发广泛关注，形成舆论热点。

新媒体展示

使用手机扫描下方二维码，即可观看本条获奖作品的新媒体展示。

中国广播电视大奖

广播类大奖·广播剧

作品标题 > 金银潭 24 小时

作品信息

作品类型：广播类·广播剧
刊播单位：上海广播电视台东方广播中心
报送单位：上海市广播电视协会
主创人员：集体
作品时长：55 分 18 秒
播出栏目：《市民与社会》《1057 剧好听》《悦读悦好听》等
播出日期：2020 年 5 月 20 日

推荐理由

该剧是以上海首批援鄂医疗队为原型创作的，是上海广播剧探索主旋律题材创作的新突破。该剧富有艺术感染力，是近年来难得的一部反映人类重大危机事件的现实主义力作，播出后受到社会各界的广泛认可。

作品简介

2020 年 1 月 29 日凌晨，上海援鄂医疗队在武汉金银潭医院抢救的一名患者死亡，紧接着，设备不足、人手不够等种种问题又向队长周军袭来。为全面了解病毒，周军提出尽早开展病理解剖……

新媒体展示

使用手机扫描下方二维码，即可观看本条获奖作品的新媒体展示。

作品标题：中国蛟龙

作品信息

作品类型：广播类·广播剧
刊播单位：宁波广播电视集团
报送单位：中国广播剧研究协会
主创人员：吕卉、王锐、于祥国、房大文、王敏、翟万臣、廖菁等
作品时长：1时25分4秒
播出栏目：镇海广播电视台《文化时空》
播出日期：2019年4月25日

推荐理由

该剧创作团队秉持"思想精深、艺术精湛、制作精良"的理念，潜心创作，力求精益求精。该剧录音精细到位，拟音音响丰富，让人如身临其境；制作风格大气磅礴，呈现出"声音大片"的艺术魅力。

新媒体展示

使用手机扫描下方二维码，即可观看本条获奖作品的新媒体展示。

作品简介

该剧取材于我国载人深潜技术领路人、"蛟龙"号总设计师许芑南的事迹，生动再现了新老科学家为自主研发"蛟龙"号这一大国重器，在我国深海技术领域所进行的成功探索。该剧播出后，社会各界反响热烈，好评如潮。

中国广播电视大奖

广播类大奖·广播文艺

作品标题 ▶ 有一种记忆叫守望

作品信息

作品类型：广播文艺类·戏曲专题
刊播单位：陕西广电融媒体集团
报送单位：陕西省广播电影电视协会
主创人员：李倩、刘军、李攀、何军
作品时长：25分32秒
播出栏目：《戏曲老唱片》
播出日期：2020年9月30日

推荐理由

这是一期构思奇巧的纪念专题，别开生面的访谈节目为我们敞开了一代戏曲人的心扉，立意高远、意蕴深沉、感人至深、回味无穷。

作品简介

该节目以付凤琴逝世五周年为着眼点，采用记者手札的语言风格，穿插回放现场直播节目的片段，用引人入胜的故事情节生动刻画了一位深受广大戏迷爱戴的秦腔表演艺术家。

新媒体展示

使用手机扫描下方二维码，即可观看本条获奖作品的新媒体展示。

作品标题 悬崖村

 作品信息

作品类型：广播文艺类·长篇连播
刊播单位：中央广播电视总台
报送单位：中央广播电视总台
主创人员：集体
作品时长：27 分 37 秒
播出栏目：《纪实春秋》
播出日期：2020 年 10 月 30 日至 11 月 4 日

 推荐理由

节目组按照高质量发展的要求，在创作中锐意创新。节目构思精巧、制作精良、真实感人，唱响了脱贫攻坚的时代新声。

新媒体展示

使用手机扫描下方二维码，即可观看本条获奖作品的新媒体展示。

作品简介

12 集广播纪实节目《悬崖村》根据获得"骏马奖"的同名报告文学改编，以丰富、生动的声音元素，饱含感情地讲述了彝族地区典型贫困山村"悬崖村"脱贫攻坚的奋斗历程。

作品标题：一首宁夏川,传唱几代人

作品信息

作品类型：广播文艺类·音乐专题
刊播单位：宁夏广播电视台
报送单位：宁夏广播电影电视协会
主创人员：张喆、孙蕾、陈大志、刘青梅
作品时长：18 分 52 秒
播出栏目：《乐行者》
播出日期：2019 年 10 月 25 日

推荐理由

《一首宁夏川,传唱几代人》以一种特别的叙述脉络,巧妙串起一首歌与一个地方的文化密码。创作者以隽永平和的文字与点到即止的情感抒发,讲述一部浸透乡音乡情的音乐作品的成长史,给听众留下"纸短言长"的回味感。

作品简介

作为一首宁夏乡土民歌,《宁夏川》的几次流变、重译与再创作,恰与宁夏经济社会、人文环境的变革脉络不谋而合。创作者将一个个写歌人、唱歌人与听歌人的故事巧妙串联起来,借用广播语言为听众娓娓道来。

新媒体展示

使用手机扫描下方二维码,即可观看本条获奖作品的新媒体展示。

作品标题

我心敦煌 挚爱之疆
——作家叶舟的"敦煌情"

 作品信息

作品类型：广播文艺类·文学专题
刊播单位：甘肃省广播电视总台
报送单位：甘肃省广播电视协会
主创人员：黄文涛、牛宇、谢珺、晨亮
作品时长：29 分 58 秒
播出栏目：《交响丝路》
播出日期：2019 年 12 月 24 日

 推荐理由

节目主题鲜明、结构严谨，依次对叶舟的诗歌、散文、小说作了介绍，从中提炼出作家对敦煌的眷恋和深情，展示了叶舟的作品对于传承和发展敦煌文化所具有的时代意义。

新媒体展示

使用手机扫描下方二维码，即可观看本条获奖作品的新媒体展示。

 作品简介

节目介绍了叶舟对敦煌赤子般的热忱以及他独特、精到的笔触是如何感染并打动读者的。读者跟随他认识敦煌、品读敦煌、向往敦煌，并一起期待未来敦煌有更多的喜讯传来。

作品标题

2020 中国声音中国年

作品信息

作品类型：广播文艺类·综艺专题
刊播单位：中央广播电视总台
报送单位：中广联合会广播文艺委员会
主创人员：集体
作品时长：1时30分
播出栏目：《音乐之声》
播出日期：2020年1月24日

推荐理由

节目综合运用新闻、音乐、戏曲、曲艺、文学等跨界创作手法，汇聚领袖的声音、国家的成就、年俗的味道、文艺的魅力、春晚的记忆，烘托出过年的温暖氛围，同时也展现了全国各地生机盎然的风情画卷。

作品简介

《音乐之声》策划制作的2020年中央广播电视总台广播春节特别节目《中国声音中国年》以守正、传承、创新为原则，打造出一部能充分彰显总台传播力、影响力、融合力的年度精品力作。

新媒体展示

使用手机扫描下方二维码，即可观看本条获奖作品的新媒体展示。

中国广播电视大奖

电视类大奖·消息

电视类大奖·消息

作品标题
**第四条对澳供水管道通水
60万澳门居民用水再添重要保障**

作品信息

作品类型：电视类·消息
刊播单位：珠海广播电视台
报送单位：广东省广播影视协会
主创人员：胡志刚、许鲁南、林景静、吴国俊
作品时长：1分21秒
播出栏目：《珠海新闻》
播出日期：2019年10月17日

推荐理由

该消息主题重大，结构巧妙。第四条对澳供水管道在澳门回归20周年之际通水，报道以空间和时间两个维度布局新闻要素，让叙事更具张力，信息量更加丰富。该消息节奏快，信息量大，解说词、同期声、动画等运用得当。

作品简介

10月17日，对澳供水第四管道通水仪式在珠海举行。记者记录了珠海洪湾泵站取水和西江原水流进澳门两个重要历史时刻，并采访了对澳供水的参与者、见证者，展现出珠海对澳供水60年的沧桑历程。

新媒体展示

使用手机扫描下方二维码，即可观看本条获奖作品的新媒体展示。

作品标题 全国首创，上海自贸区企业一证"闯天下"

 作品信息

作品类型：电视类·消息
刊播单位：上海市浦东新区融媒体中心
报送单位：中广联合会城市台融媒体协作委员会
主创人员：严尔俊、高旻杰
作品时长：3分57秒
播出栏目：《浦东新闻》
播出日期：2019年7月31日

 推荐理由

作品题材新颖，主题重大，影响深远。"一业一证"改革是"放管服"改革的首创性举措，对于激发市场活力、营造法治化营商环境影响深远。该消息时效性强，采访扎实深入，多方位交代事件的过程及意义，并运用动画手段增强了可视性。

新媒体展示

使用手机扫描下方二维码，即可观看本条获奖作品的新媒体展示。

 作品简介

7月31日，全国首创的"一业一证"改革试点率先在上海自贸区落地。这一改革从根本上解决了企业"准入不准营"的问题，凸显了浦东新区政府"刀刃向内"，推进政府职能转变，为企业"轻装减负"的改革勇气和力度。

电视类大奖·消息

作品标题：我国第一艘国产航空母舰交付海军 习近平出席交接入列仪式

作品信息

作品类型：电视类·消息
刊播单位：中央广播电视总台
报送单位：中央广播电视总台
主创人员：张伟、徐少兵、张建庆、步晓强、李斌、黄显文、刘笑宇
作品时长：8分17秒
播出栏目：《新闻联播》
播出日期：2019年12月17日

推荐理由

航母是一个国家综合国力和海军实力的象征。习近平主席出席交接入列仪式并登舰视察，意义重大。新闻镜头具有震撼力，内容丰富，时效性强，表现了我国致力发展航母事业、提升保卫世界和平的能力、履行国际义务的大国担当。

作品简介

我国第一艘国产航空母舰山东舰于17日下午交付海军。习近平主席将八一军旗、命名证书分别授予山东舰舰长、政治委员，并登上山东舰，察看有关装备，同官兵亲切交流，了解舰载机飞行员的工作生活情况。

新媒体展示

使用手机扫描下方二维码，即可观看本条获奖作品的新媒体展示。

作品标题: 我脱贫了

作品信息

作品类型:电视类·消息
刊播单位:吉林广播电视台
报送单位:吉林省广播电视协会
主创人员:集体
作品时长:3分50秒、3分46秒、3分54秒
播出栏目:《新闻早报》
播出日期:2020年12月24日、27日、31日

推荐理由

该系列报道主题重大,形式鲜活,创新特色突出,内容与形式契合度高。节目在新媒体矩阵累计播放量超1610万,获赞7.2万个,取得了良好的传播效果。

新媒体展示

使用手机扫描下方二维码,即可观看本条获奖作品的新媒体展示。

作品简介

节目以脱贫百姓为第一视角和表现主体,通过"记录+自拍"的方式讲述脱贫故事,原汁原味地展现"我"的脱贫感受和状态。这些主角有脱贫后被评选为全国劳模的,有残疾人电商创业达人,等等,具有很强的代表性和感染力。

作品标题 ▶ 扶贫项目"回头看"

作品信息

作品类型：电视类·消息
刊播单位：苏州广播电视总台
报送单位：中广联合会城市台电视新闻委员会
主创人员：徐蕾、李文瑾、张泽宇、沈亦洋
作品时长：3分57秒
播出栏目：《传真聚焦》
播出日期：2019年12月22日

推荐理由

这则监督报道深刻揭露了脱贫攻坚战中存在的形式主义、弄虚作假的问题。报道观点鲜明、论述精辟，通过客观报道、理性分析，提出合理化建议，体现了舆论监督和正面宣传的统一，起到了积极的新闻舆论监督作用。

作品简介

在中央巡视组开展脱贫攻坚专项巡视这一时间节点，记者"回头看"苏州输出铜仁的部分扶贫项目，通过深入调查，记者敏锐地发现个别扶贫项目存在"华而不实"的现象。报道深入分析了这些项目落地难、效果差的原因。

新媒体展示

使用手机扫描下方二维码，即可观看本条获奖作品的新媒体展示。

作品标题：一张照片里的这七年 总书记带领我们"精准脱贫"

作品信息

作品类型：电视类·消息
刊播单位：湖南广播电视台
报送单位：湖南省广播电视协会
主创人员：尹中、魏波、郑晓、赵红兵
作品时长：3分47秒
播出栏目：《湖南新闻联播》
播出日期：2020年11月3日

推荐理由

该作品切口小、格局大，视角独特，立意高远，生动展现了脱贫攻坚伟大成就。同时，作品通过新媒体传播，成为现象级的媒体融合精品力作。

新媒体展示

使用手机扫描下方二维码，即可观看本条获奖作品的新媒体展示。

作品简介

报道选取了总书记在十八洞村和村民座谈的一张老照片为切入点，角度独特，通过寻访照片中的人物，展现十八洞村在"精准扶贫"的春风沐浴下，发展产业，实现脱贫的历程。报道文风接地气，语言亲切生动，紧扣时代脉搏。

电视类大奖·消息

作品标题
"撑国安法"收集近300万签名
香港各界人士支持涉港国家安全立法

作品信息

作品类型：电视类·消息
刊播单位：广东广播电视台
报送单位：广东省广播电影电视协会
主创人员：陈晨、唐建恒、华晓倩、陈壮
作品时长：2分
播出栏目：《广东新闻联播》
播出日期：2020年6月2日

推荐理由

该作品通过记者的镜头把香港市民对恢复社会秩序的渴望、对暴力活动的强烈谴责，以及对祖国的热爱之情都展现了出来。作品内容扎实，有细节、有温度、有力量，在香港和内地引起了强烈反响，受到了各界高度评价。

作品简介

从"香港各界撑国安立法联合阵线"正式成立并发起首项活动之日起，记者克服疫情、"黑暴"滋扰等重重困难，走访香港各区主要街站签名点，采访活动主办方，听取市民建议，帮助香港市民正确认识香港国安法。

新媒体展示

使用手机扫描下方二维码，即可观看本条获奖作品的新媒体展示。

作品标题 脱贫之后

 作品信息

作品类型：电视类·消息
刊播单位：安徽广播电视台
报送单位：安徽省广播电影电视联合会
主创人员：宣笑波、昝智海、吴江、董永峰、项飞、于小轩
作品时长：3分58秒、3分38秒、3分58秒
播出栏目：《新闻第一线》
播出日期：2020年12月28日

 推荐理由

该系列报道具有较强的前瞻性，站位高、立意远，思路清晰，观点鲜明，采访深入，画面精美。节目在公共频道以及融媒体平台播出后，引起了广泛的社会关注和转发转载，彰显了主流媒体的责任担当和舆论引导作用。

新媒体展示

使用手机扫描下方二维码，即可观看本条获奖作品的新媒体展示。

 作品简介

记者对脱贫攻坚主题进行深入挖掘，以敏锐的视角选择了在全省脱贫摘帽工作中有代表性的两个县进行蹲点调研，并根据调研实际，就政策延续、产业发展等提出自己的思考和对策探讨，呈现了极具特色的"安徽经验"。

电视类大奖・消息

  作品标题：美警察暴力执法导致黑人男子死亡 抗议示威不停 局势紧张

作品信息

作品类型：电视类・消息
刊播单位：中央广播电视总台
报送单位：中央广播电视总台
主创人员：刘骁骞、江和平、张欣
作品时长：2分56秒
播出栏目：《新闻直播间》
播出日期：2020年5月30日

 推荐理由

记者克服新冠肺炎疫情防控限制等困难，第一时间抵达示威活动发生地，作为现场唯一的中国媒体拍摄到警民冲突升级的独家画面，体现了记者扎实的现场掌控能力和丰富的报道经验，在争夺国际重要新闻事件的定义权和话语权方面表现优秀。

 作品简介

记者克服新冠肺炎疫情期间的诸多限制，长途驱车，第一时间抵达示威活动发生地，用镜头记录了抗议冲突的现场，通过一手采访凸显美国民众对美国警察暴力执法和种族歧视的愤懑之情，揭露了美国的人权问题。

 新媒体展示

使用手机扫描下方二维码，即可观看本条获奖作品的新媒体展示。

中国广播电视大奖

电视类大奖·评论

作品标题：免费服务　如此任性

作品信息

作品类型：电视类·评论
刊播单位：中央广播电视总台
报送单位：中央广播电视总台
主创人员：刘晓晨、席鸣、崔辛雨
作品时长：16分
播出栏目：《焦点访谈》
播出日期：2019年7月11日

推荐理由

近些年来，党中央、国务院一直在大力实施减税降费措施，给企业减负，但有些地方仍然乱收费多收费。《焦点访谈》栏目通过深入调查，揭露乱收费现象，监督地方政府行为，挽回企业损失，体现了新闻媒体强烈的社会责任感。

作品简介

在山西省安泽县，乱收费的煤检站被取缔了，取而代之的却是称重计量站。这个计量站说起来是为企业免费称量煤的重量，但企业却叫苦连天。记者接到线索后对计量站进行了调查。

新媒体展示

使用手机扫描下方二维码，即可观看本条获奖作品的新媒体展示。

作品标题：一场大讨论 解开了一桩"两难"事

作品信息

作品类型：电视类·评论
刊播单位：山西广播电视台
报送单位：山西省广播电影电视协会
主创人员：郭大国、王煜、秦晓虹、栗旭东
作品时长：20 分
播出栏目：《民生大接访》
播出日期：2019 年 3 月 27 日

推荐理由

本片播出时，正值山西省"改革创新 奋发有为"大讨论动员部署会议刚刚召开，片中记录了各级领导干部面对分歧时敢于进行自我革命，刀刃向内，破除僵化保守思想的做法，彰显了三晋大地追梦奋斗、振兴崛起的强大正能量。

新媒体展示

使用手机扫描下方二维码，即可观看本条获奖作品的新媒体展示。

作品简介

《民生大接访》栏目创办于 2013 年 5 月 17 日，是山西广播电视台联合山西省信访局共同开办的全国首档电视信访新闻栏目。该栏目选取既有典型性又有解决路径的信访事项，以纪实手法拍摄，记录民生诉求的化解过程。

作品标题 ▶ 阻止疫情扩散也别让隐私扩散

作品信息

作品类型：电视类·评论
刊播单位：陕西广电融媒体集团
报送单位：陕西省广播电影电视协会
主创人员：田俊鹏、关山、王毅、赵越
作品时长：12分35秒
播出栏目：《都市热线》
播出日期：2020年3月4日

推荐理由

记者通过调查，锤炼内容，制作了10余分钟的专题片。报道既为公众解答了疑惑，为信息收集者敲响了警钟，也为相关管理部门提供了完善机制的可参考信息，在抗疫关键时期，彰显了媒体人的责任与担当。

作品简介

疫情防控是重中之重，但个人信息的保护同样不能被忽视。记者走访多个小区、药店、超市，展开全方位调查：如何收集信息？手写信息如何保管？一码通信息如何保管？并结合具体案例剖析信息泄露的严重后果。

新媒体展示

使用手机扫描下方二维码，即可观看本条获奖作品的新媒体展示。

作品标题 习近平深圳重要讲话释放哪些改革开放最强音

作品信息

作品类型：电视类·评论
刊播单位：深圳广播电影电视集团
报送单位：广东省广播电影电视协会
主创人员：管姚、俞哲旻、陈晨、邱穗加
作品时长：8分39秒
播出栏目：《直播港澳台》
播出日期：2020年10月14日

推荐理由

评论阐释了总书记重要讲话的时代意涵与深远影响，对讲话中"世界进入动荡变革期"的态势判断作了梳理解读，预测其可能成为国际战略学界的热词，并对梳理总结的"十个坚持"作了进一步阐释，体现了媒体主动设置议程的能力。

新媒体展示

使用手机扫描下方二维码，即可观看本条获奖作品的新媒体展示。

作品简介

中央以最高规格为深圳经济特区成立40周年庆生，习近平总书记出席并发表重要讲话。《直播港澳台》刊播评论，指出"中国共产党行，中国之治行，敢闯敢试敢为人先的深圳人行"。评论政治站位高，传播效果好。

作品标题: 中美观察

作品信息

作品类型：电视类·评论
刊播单位：上海广播电视台
报送单位：上海市广播电视协会
主创人员：赵慧侠、凌健、李丹、杨龙跃
作品时长：14分58秒
播出栏目：《今晚》
播出日期：2020年8月31日

推荐理由

在部分欧美舆论对我不利的情况下，该节目以主流媒体的定位响亮发声，不回避敏感话题又积极观照现实，不泼冷水也不盲目乐观，让国内老百姓及国际有识之士看清事情的真相，也为政府应对提供积极可行的建议。

作品简介

《今晚》栏目推出《中美观察》系列报道，邀请全球知名政治学者、前政要等，与节目主持人以在线形式进行实时交流和深入对话，对中美关系发生变化的深层次原因进行客观分析和探讨，同时也对中美关系的走向进行研判。

新媒体展示

使用手机扫描下方二维码，即可观看本条获奖作品的新媒体展示。

中国广播电视大奖

电视类大奖·专题

作品标题: 我们走在大路上

作品信息

作品类型:电视类·专题
刊播单位:中央广播电视总台
报送单位:中央广播电视总台
主创人员:集体
作品时长:1时44分8秒
播出栏目:综合频道黄金档
播出日期:2019年9月16日

推荐理由

这是一部用心用情用力打造的新中国影像志,是一部兼具国家高度与学术品格、坚守艺术品位与人文关怀、用纪实影像向全世界讲述中国故事的现象级大片,充分展现了中华民族从站起来、富起来到强起来的伟大飞跃。

作品简介

该片以习近平新时代中国特色社会主义思想为指导,把70年来中国共产党带领全国各族人民进行社会主义革命、建设、改革所取得的辉煌成就和宝贵经验作为主线,坚持以"政论情怀、故事表达"的风格歌唱祖国、礼赞时代。

新媒体展示

使用手机扫描下方二维码,即可观看本条获奖作品的新媒体展示。

作品标题 中国宣讲达人大会

作品信息

作品类型：电视类·专题
刊播单位：安徽广播电视台
报送单位：安徽省广播电影电视联合会
主创人员：邵晓晖、许建华、汪治邦、张伟、张京晶、章怡雯
作品时长：50 分 20 秒、49 分 0 秒、56 分 10 秒
播出栏目：《理响新时代》
播出日期：2019 年 11 月 19 日

推荐理由

节目充满正能量、年轻态，如同一堂有声有色、共享共建的可视化思政公开课，以有思想力的立意引导价值、以有穿透力的挖掘直抵人心、以有感染力的表达创新传播。

新媒体展示

使用手机扫描下方二维码，即可观看本条获奖作品的新媒体展示。

作品简介

节目以"不忘初心、牢记使命"主题教育为时代背景，走一场思想上的新长征路，讲党史故事、传革命精神，生动准确地阐释红船、井冈山、长征、延安、西柏坡精神以及走好新时代长征路的主要内涵和时代要求。

电视类大奖·专题

作品标题：中国出了个毛泽东·东方欲晓

作品信息

作品类型：电视类·专题
刊播单位：湖南广播电视台
报送单位：湖南省广播电视协会
主创人员：章红伟、彭勃、胡蔚成
作品时长：30分/集，5集
播出日期：2019年9月29日

推荐理由

本片从黄河川口开始记录追述，滹沱河畔、"赶考"路上、香山脚下、天安门前，沿着一代伟人的足迹，见证了共和国诞生的峥嵘岁月，记录了毛泽东感人至深的赤子情怀，展现了一幅波澜壮阔的恢宏图卷。

作品简介

本片由《黄河东渡》《滹沱河畔》《赶考路上》《双清纪事》《日出东方》五个篇章展开，展现了一幅波澜壮阔的恢宏图卷。毛泽东的领袖群伦、伟人风度、人民至上的品格，为那段辉煌历史增添了风采，凝聚了魅力。

新媒体展示

使用手机扫描下方二维码，即可观看本条获奖作品的新媒体展示。

作品标题：张桂梅和她的女子高中

作品信息

作品类型：电视类·专题
刊播单位：云南广播电视台
报送单位：云南省广播电视学会
主创人员：张歆易、杨纪星、周雪萍
作品时长：35分
播出栏目：《条形码·封面》
播出日期：2019年12月22日

推荐理由

本片播出于2019年，是较早的详细完整记录张桂梅人生经历的作品。大多数宣传报道集中于张桂梅精神，而本片则更为真实、完整地记录了这位传奇女性的人生历程。

新媒体展示

使用手机扫描下方二维码，即可观看本条获奖作品的新媒体展示。

作品简介

本片详细记录了丽江华坪县女子高中校长张桂梅的感人事迹，全方位多角度地讲述了这位传奇女性的故事。她用知识，照亮大山深处千万个梦想，改变了1600多名贫困女孩的命运。该片较为完整地还原了张桂梅的传奇人生。

作品标题 飞阅兵团

作品信息

作品类型:电视类·专题
刊播单位:新疆生产建设兵团广播电视台
报送单位:新疆生产建设兵团广播电视台
主创人员:赵虎、向驰、刘磊、朱波、李元元、刘婧
作品时长:35 分/集,4 集
播出日期:2019 年 10 月 7 日

推荐理由

该片以空中视角俯瞰全兵团,全方位展现了新疆兵团的古西域文化、历史背景、人文景观、自然风貌等,让广大观众领略了大美兵团、大美新疆的美景,描绘了一幅壮丽画卷。

作品简介

本片以空中视角俯瞰兵团,立体化展示兵团的历史人文景观、自然地理风貌及经济社会发展现状,全景式俯瞰一个观众既熟悉又新鲜的美丽兵团、生态兵团、文明兵团,寄情于景,展现细节之美,打造出别具一格的兵团景象。

新媒体展示

使用手机扫描下方二维码,即可观看本条获奖作品的新媒体展示。

作品标题 夏芳的暑假

作品信息

作品类型：电视类·专题
刊播单位：重庆市万州区广播电视台
报送单位：重庆市广播电视协会
主创人员：何贤德、余少鹏、谢国勇、易娟
作品时长：26分52秒
播出栏目：《纪录》
播出日期：2019年10月22日

推荐理由

纪录片《夏芳的暑假》聚焦脱贫攻坚大背景下的农村，从多个角度真实地反映出农民们的生活环境、生活方式及精神生活，也见证了那些奋战在脱贫攻坚一线的帮扶干部们"不脱贫不罢休"的真心、耐心、爱心和恒心。

新媒体展示

使用手机扫描下方二维码，即可观看本条获奖作品的新媒体展示。

作品简介

本片制作历时3个多月，全方位记录了夏芳一家在暑假里所发生的故事和命运逆转的全过程，从多个角度反映了脱贫攻坚工作的艰巨性和及时性，从多个维度反映了贫困户的脱贫效果和脱贫攻坚政策的惠民性。

作品标题 江河同心

作品信息

作品类型：电视类·专题
刊播单位：河南广播电视台
报送单位：河南省广播电视协会
主创人员：集体
作品时长：2时50分55秒
播出栏目：《都市报道》
播出日期：2020年12月27日至12月31日

推荐理由

《江河同心》通过对个体、群体人物抗击疫情的实际行动和心路历程的真实记录，传播和留存疫情之下一段刻骨铭心的个人经历、国家记忆，彰显出感人至深、内涵丰富的"人民至上""生命至上"的精神力量。

作品简介

河南广播电视台八名记者肩负使命，在陌生的环境、未知的领域，五次组建团队，就抗疫中的"转运""方舱""重症""防疫""心理救援"等环节进行了真实记录，原生态展现了河南湖北联手抗疫的感人故事。

新媒体展示

使用手机扫描下方二维码，即可观看本条获奖作品的新媒体展示。

作品标题　　**大山深处的守边人**

 作品信息

作品类型：电视类·专题
刊播单位：西藏广播电视台
报送单位：西藏自治区广播电视协会
主创人员：周丽娜、李志鹏、李付良、张超
作品时长：8分16秒、8分36秒、9分20秒
播出栏目：《西藏新闻联播》
播出日期：2020年7月2日、7月3日、7月5日

 推荐理由

记者与当地村民同吃同住，记录了大山深处的杰罗布守边人代代相传、守边固边的动人故事。新闻一经播出，便在社会上引起广泛反响，掀起了一股学习杰罗布精神，做神圣国土守护者、幸福家园建设者的热潮。

 新媒体展示

使用手机扫描下方二维码，即可观看本条获奖作品的新媒体展示。

作品简介

在祖国西南边陲的洛扎县拉郊乡，有一个群山环绕、地处偏远的边境山村——杰罗布。在爱国守边领路人古桑旦增的动员和带领下，一代又一代的拉郊群众搬迁到这片苦寒之地，守卫这片神圣的国土，打造出一片精神高地。

作品标题　滹沱筑梦

作品信息

作品类型：电视类·专题
刊播单位：石家庄广播电视台
报送单位：中广联合会城市台电视新闻委员会
主创人员：集体
作品时长：1时24分3秒
播出栏目：特辟时段
播出日期：2020年10月26日

推荐理由

《滹沱筑梦》以扎实的史料、生动的故事、丰富的影像表达，展现了滹沱河悠久的人文历史，讲述了它的生态修复历程，展示了新时代滹沱河的嬗变，呈现出石家庄市质朴踏实的城市形象及令人憧憬的未来蓝图。

作品简介

该片是石家庄市委部署的重大纪录片项目成果，共三集，讲述了一条河与一座城的故事。循着总书记的足迹，该片展现了滹沱河的文明渊源、地理风貌、历史文化，反映了石家庄市贯彻习近平生态文明思想，推进生态修复工作的成效。

新媒体展示

使用手机扫描下方二维码，即可观看本条获奖作品的新媒体展示。

作品标题 今日龙抬头

作品信息

作品类型:电视类·专题
刊播单位:全国二十七家广播电视台
报送单位:中广联合会纪录片委员会
主创人员:集体
作品时长:2 时
播出栏目:全国卫视晚间时段
播出日期:2020 年 4 月 9 日

推荐理由

《今日龙抬头》是最早采用全国联播方式播出的全面展现中国人民抗疫精神的纪录片,也是最早的系统、全面反映中国人民抗疫历程的纪录片之一,创造了在中广联合会纪录片委员会领导下纪录片人集团作战的新模式。

新媒体展示

使用手机扫描下方二维码,即可观看本条获奖作品的新媒体展示。

作品简介

《今日龙抬头》讲述了农历二月初二"龙抬头"这一天发生在全国各地的 36 个普通人身上的战疫故事。纪录片着眼于普通人的生活和情感,彰显了英雄的中国人民在疫情面前毫不畏惧、共克时艰的信心、决心和恒心。

作品标题：来之不易的丰收

作品信息

作品类型：电视类·专题
刊播单位：黑龙江广播电视台
报送单位：黑龙江省广播电视协会
主创人员：李琳、杨国栋、姜禹、肖建国、高扬
作品时长：8分47秒
播出栏目：《农业新闻》
播出日期：2020年12月30日

推荐理由

作品见微知著，用长期的影像记录，展现了黑龙江为保国家粮食安全，不惧风险挑战，艰苦努力再夺丰收的故事。主创人员践行新闻"四力"，守正创新，让作品展现出温度、深度、广度和力度。

作品简介

作品用真实的影像，用一个个鲜活的故事、生动的细节，讲述了黑龙江将粮食生产放在经济发展的核心位置，不断夯实现代农业基础，克服疫情、三场台风等诸多困难，最终获得丰收的故事。

新媒体展示

使用手机扫描下方二维码，即可观看本条获奖作品的新媒体展示。

作品标题：点亮西合休乡新生活

作品信息

作品类型：电视类·专题
刊播单位：中国新疆广播电视台
报送单位：新疆维吾尔自治区广播电视协会
主创人员：秦拓、周光磊、刘慧、车夫（马先明）、赖莉莎、姜晓丽
作品时长：11分
播出栏目：《今日聚焦》
播出日期：2020年10月23日

推荐理由

主创人员上高原、翻达坂、同吃住、勤记录，践行"四力"，完成了专题片《点亮西合休乡新生活》。作品真实、温暖、感人，是中国脱贫经验的一次有效对外传播，展示了中国形象和新疆面貌。

新媒体展示

使用手机扫描下方二维码，即可观看本条获奖作品的新媒体展示。

作品简介

作品以小见大，用一条电力线路的架设，串联起国家对边疆地区的厚爱，也串联起边疆人民感恩共产党、忠诚守边的家国情怀。

作品标题 鄱阳湖最后的渔民

作品信息

作品类型：电视类·专题
刊播单位：江西广播电视台
报送单位：江西省广播电视协会
主创人员：袁进涛、周东、余超、丁越、
　　　　　田凌凌
作品时长：21分40秒
播出栏目：《晚间800》
播出日期：2020年12月24日

推荐理由

该片主题深刻、叙事流畅、视角独特、画面精美，通过渔民艰难的转产转业之路，反映出长江流域十年禁渔不仅是关系国计民生的大事，也在中国生态文明建设的重大进程中具有里程碑式的意义。

作品简介

作品讲述了以杨志兵一家为典型代表的长山岛渔民从反对禁捕退捕到理解和接受，再到奋力转产转业的故事。作品记录和见证了江西省从政府到民众，在保护鄱阳湖生态方面作出的牺牲和努力。

新媒体展示

使用手机扫描下方二维码，即可观看本条获奖作品的新媒体展示。

作品标题 　　另一个香港

 作品信息

作品类型：电视类·专题
刊播单位：中央广播电视总台
报送单位：中央广播电视总台
主创人员：集体
作品时长：1时13分35秒
播出栏目：特别节目
播出日期：2020年6月6日

 推荐理由

作品无论是在传统电视端，还是在新媒体发布平台播放均取得不俗成绩。在推动涉港国安立法期间，《另一个香港》引导"止暴制乱"舆论、凝聚"一国两制"共识，为国家相关涉港工作营造了有利的国际国内舆论环境。

新媒体展示

使用手机扫描下方二维码，即可观看本条获奖作品的新媒体展示。

 作品简介

该片记录了香港"修例风波"中发生的暴力破坏活动，分析了乱局原因，还原了事实真相，揭批了"港独"分子和反华势力以"反修例"为由，将香港推向危险边缘的险恶用心。

作品标题：城市的品格

作品信息

作品类型：电视类·专题
刊播单位：上海广播电视台
报送单位：上海市广播电视协会
主创人员：集体
作品时长：59分39秒
播出栏目：《思想的田野》
播出日期：2019年8月6日

推荐理由

作品以生动鲜活、浅显易懂的电视语言，以小见大、由浅入深，用观众喜闻乐见的方式讲述上海在习近平新时代中国特色社会主义思想指导下，结出的丰硕发展果实。

作品简介

作品邀请上海城市变革的亲历者、受益者参与对谈，从科技、经济、民生等方面诠释上海"开放、创新、包容"的城市品格，为观众献上一场思想盛宴。

新媒体展示

使用手机扫描下方二维码，即可观看本条获奖作品的新媒体展示。

中国广播电视大奖

电视类大奖·现场直播

作品标题: 迎战台风"利奇马"大型融媒体直播

作品信息

作品类型：电视类·现场直播
刊播单位：山东广播电视台
报送单位：山东省广播电视协会
主创人员：集体
作品时长：4时30分
播出栏目：特别节目
播出日期：2019年8月11日

推荐理由

该融媒体直播依托闪电云指挥调度平台优势，充分利用省级融媒体平台和部分建成的县级融媒体平台形成的策划、采集、编辑、制作、传播网络，实现了省级融媒体平台和县级融媒体平台在信息、设备、人力等方面的资源共享。

作品简介

山东广播电视台融媒体资讯中心在得知超强台风"利奇马"登陆的消息后立即行动，推出大型融媒体直播特别节目。该直播采用演播室访谈＋现场直播连线＋服务信息梳理的形式，在狂风暴雨中，为观众带来极具震撼力的新闻现场。

新媒体展示

使用手机扫描下方二维码，即可观看本条获奖作品的新媒体展示。

作品标题

长江之恋
——长江流域十二省市联合大直播

 作品信息

作品类型：电视类·现场直播
刊播单位：东方卫视、浙江电视台新闻频道、江苏电视台公共频道、安徽广播电视台公共频道、江西广播电视台新闻频道、湖南广播电视台经视频道、湖北卫视、重庆卫视、四川卫视、贵州广播电视台公共频道、云南广播电视台公共频道、青海卫视
报送单位：上海市广播电视协会
主创人员：集体
作品时长：7时
播出日期：2019年6月30日

 推荐理由

本次跨区域大联播是大型电视新闻现场直播的一次成功实践和探索，在主题表达、内容挖掘、手法创新、融合传播以及播出效果上都具有大的突破和提升，展现了当代中国电视的直播能力和水平，既有历史意义，也有专业价值。

新媒体展示

使用手机扫描下方二维码，即可观看本条获奖作品的新媒体展示。

 作品简介

该直播是由中宣部点题，国家广播电视总局统筹指导，上海广播电视台牵头，联合12家省级电视台共同承制的大型电视新闻直播节目，是向建党98周年、新中国成立70周年献上的礼赞，取得了极好的传播效果，引起了强烈的社会反响。

| 作品标题 | 战疫情 |

作品信息

作品类型：电视类·现场直播
刊播单位：中央广播电视总台
报送单位：中央广播电视总台
主创人员：集体
作品时长：1 时 52 分 42 秒
播出栏目：特别节目
播出日期：2020 年 1 月 26 日

推荐理由

《战疫情》特别报道是新闻频道自成立以来持续时间最长的特别节目。在危急关头，节目始终高举旗帜、引领导向、明辨是非、澄清谬误、稳定社会情绪，为夺取疫情防控和经济社会发展"双胜利"营造了良好的舆论氛围。

作品简介

岁末年初，新冠肺炎疫情突然爆发。为深入贯彻习近平总书记重要讲话精神和关于疫情防控系列重要指示，落实中宣部关于做好疫情防控宣传报道的要求，新闻频道推出《战疫情》特别报道。

新媒体展示

使用手机扫描下方二维码，即可观看本条获奖作品的新媒体展示。

作品标题 2020《直通高考》

 作品信息

作品类型：电视类·现场直播
刊播单位：中国教育电视台
报送单位：中国教育电视台
主创人员：集体
作品时长：2时
播出栏目：特别节目
播出日期：2020年7月7日

 推荐理由

在2020年这一特殊年份，高考备受关注。该直播将全国15个地区的高考首日展现在观众面前，直播点位选择精当，从脱贫攻坚到共同抗疫再到高考改革，多主题、全方位地对高考这一全社会关注的事件进行了诠释。

新媒体展示

使用手机扫描下方二维码，即可观看本条获奖作品的新媒体展示。

作品简介

2020年高考首日，中国教育电视台推出大型全媒体直播特别节目《直通高考》，全景式、行进式、互动式地报道2020年高考的真实场景，同步直击15个高考现场，将东西南北中、三区三州、老少边穷地区的高考盛况传播给全国观众。

电视类大奖·现场直播

作品标题: 武汉·重启

作品信息

作品类型：电视类·现场直播
刊播单位：武汉广播电视台
报送单位：中广联合会城市台电视新闻委员会
主创人员：集体
作品时长：1 时 47 分 13 秒
播出栏目：《坚决打赢疫情防控阻击战》特别节目
播出日期：2020 年 4 月 8 日

推荐理由

本场直播向公众展示了一个真实可感、蓬勃向上、活力蒸腾、稳定有序的武汉，起到了振奋人心、鼓舞人心、凝聚人心的良好效果，也为武汉夺取疫情防控和经济社会发展"双胜利"营造了良好的舆论氛围。

新媒体展示

使用手机扫描下方二维码，即可观看本条获奖作品的新媒体展示。

作品简介

2020 年 4 月 8 日，武汉解封离汉通道，世人瞩目。武汉广播电视台调集近百名工作人员大会战，通过 9 路外景记者现场直播、多形式连线直播、演播厅内外互动直播，推出近两小时的全媒体大直播《武汉·重启》。

中国广播电视大奖

电视类大奖·栏目

作品标题 开讲啦

作品信息

作品类型：电视类·栏目
刊播单位：中央广播电视总台
报送单位：中央广播电视总台
主创人员：吴晓斌、王晓萌、刘鹏、史可鉴
播出频道：综合频道
创办日期：2012年8月27日

推荐理由

该栏目在坚持正确的政治方向和舆论导向的基础上，以中国青年心中的榜样为内核，积极开展话语方式创新，在青年群体中取得了良好的反响，对总台高质量发展起到了助推作用，各项运营数据均排名前列。

作品简介

《开讲啦》栏目于2012年8月开播，每周六晚在中央广播电视总台央视综合频道播出，每期时长45分钟。栏目定位于中国首档电视青年公开课，以其"年轻化"和"全媒体"的传播特点受到广泛关注和好评。

新媒体展示

使用手机扫描下方二维码，即可观看本条获奖作品的新媒体展示。

作品标题 海峡新干线

作品信息

作品类型：电视类·栏目
刊播单位：福建省广播影视集团
报送单位：福建省广播电视协会
主创人员：李宏、林祥雨、潘宁、陈裕平、吴宾林、翁陈兰
播出频道：东南卫视
创办日期：2004年5月1日

 推荐理由

栏目组深入探索融媒传播，取得了较显著的社会与经济效益。自2019年成为"今日头条"全国涉台内容第一大号、福建省媒体在"今日头条"上的第一大号后，"海峡新干线今日头条号"在2020年2月实现了粉丝量1000万的突破。

 新媒体展示

使用手机扫描下方二维码，即可观看本条获奖作品的新媒体展示。

作品简介

《海峡新干线》创立于2004年5月1日，以"台湾故事，大陆讲述，全球视野，中国表达"为宗旨，是大陆地方卫视中最早推出的聚焦台海形势的新闻栏目。2008年12月18日，东南卫视成为大陆首家赴台驻点采访的地方卫视。

作品标题：吉林新闻联播

作品信息

作品类型：电视类·栏目
刊播单位：吉林广播电视台
报送单位：吉林省广播电视协会
主创人员：薄凯文、刘志海、滕树华、董宏轩、徐中华、史煜虹、王欣慰、赵敏杰、何艳植、姜昕婷、张婷、刘珣
播出频道：吉林卫视
创办日期：1959年

推荐理由

在数十年的发展过程中，《吉林新闻联播》始终保持高度的媒体责任感，在坚持主流媒体权威性、专业性的同时，在媒体融合时代紧跟形势，守正创新、不断突破，已成为宣传吉林的重要窗口和权威信息的发布平台。

作品简介

《吉林新闻联播》是吉林广播电视台最早设立的新闻栏目，经过数十年不断耕耘和创新，已成为全省传达政令、反映舆情的权威新闻平台。

新媒体展示

使用手机扫描下方二维码，即可观看本条获奖作品的新媒体展示。

作品标题: 开卷有理

作品信息

作品类型: 电视类·栏目
刊播单位: 内蒙古广播电视台
报送单位: 内蒙古广播电影电视协会
主创人员: 集体
播出频道: 内蒙古卫视
创办日期: 2016年5月5日

推荐理由

《开卷有理》被国家新闻出版广电总局誉为"小成本、大情怀、正能量的优秀节目",多次得到党和国家领导人的表扬。全球第一首用RAP的形式歌唱马克思的歌曲《马克思是个九零后》在栏目公众号推出后,立刻在网络蹿红。

新媒体展示

使用手机扫描下方二维码,即可观看本条获奖作品的新媒体展示。

作品简介

《开卷有理》是内蒙古广播电视台原创的中国第一档理论传播节目。第一季《马克思靠谱》,堪称中国理论大众化传播的典范,是中国电视媒体第一次以轻娱乐的方式,对马克思主义经典著作进行系统化的解读。

作品标题 新闻 1+1

作品信息

作品类型：电视类·栏目
刊播单位：中央广播电视总台
报送单位：中央广播电视总台
主创人员：集体
播出频道：新闻频道
创办日期：2008 年 3 月 24 日

推荐理由

栏目持续聚焦大事件，探索创新报道模式，面对新中国成立以来我国发生的传播速度最快、感染范围最广、防控难度最大的新冠肺炎疫情，在主流媒体中首次发出"病毒人传人"预警，成为 2020 年抗疫标志性报道。

作品简介

《新闻 1+1》是中央广播电视总台新闻频道晚间的一档时事评论直播栏目，主持人为白岩松。栏目从时事政策、公共话题、突发事件等大型选题入手，选择当天最新、最热的新闻话题展开评论。

新媒体展示

使用手机扫描下方二维码，即可观看本条获奖作品的新媒体展示。

中国广播电视大奖

电视类大奖·对外传播

作品标题 ▶ 看中国生态建设及脱贫攻坚

作品信息

作品类型：电视类·消息
刊播单位：内蒙古广播电视台
报送单位：内蒙古广播电视台
主创人员：鲍玉、其力格尔、毛永芝、达胡尔巴雅尔、斯琴图雅
作品时长：平均6分/期
播出栏目：《晚间新闻》
播出日期：2019年7月8日至7月19日

推荐理由

作品主题重大，视角独特，外宣特色明显，以"绿色"贯穿整个报道，全方位地展现了中国人民为生态文明建设作出的贡献；表现手法灵活生动、吸引眼球，宣传阐释了习近平新时代中国特色社会主义思想。

作品简介

该系列报道共12期，分为生态建设和脱贫攻坚两部分，展现了我国"绿水青山换来真金白银"的生态建设成果，以及教育脱贫、农企联合、生态扶贫、优势特色产业发展、旅游扶贫等几方面的巨大成就。

新媒体展示

使用手机扫描下方二维码，即可观看本条获奖作品的新媒体展示。

| 作品标题 | 武汉面孔 |

作品信息

作品类型：电视类·专题
刊播单位：中央广播电视总台
报送单位：中央广播电视总台
主创人员：集体
作品时长：1时32分54秒
播出栏目：《环球瞭望》
播出日期：2020年2月8日

推荐理由

该系列节目是总台武汉抗疫报道中最先出现的、规模最大的新闻人物类报道。该系列节目有鲜明的国际传播特征，在反驳西方不实言论的斗争中，以迂回代替对抗，以真情实感代替宏大叙事，取得了非常好的效果。

新媒体展示

使用手机扫描下方二维码，即可观看本条获奖作品的新媒体展示。

作品简介

《武汉面孔》是关于武汉抗击新冠肺炎疫情的新闻人物类系列节目。该系列节目通过讲述人物故事，全面客观地展现了封城期间武汉各界人士从痛苦无助到坚忍奉献，直至取得抗疫胜利的全过程。

作品标题

方舟·东黑冠长臂猿

作品信息

作品类型：电视类·专题
刊播单位：广西广播电视台
报送单位：广西广电与网络视听协会
主创人员：集体
作品时长：57分22秒
播出栏目：特别节目
播出日期：2019年4月24日

推荐理由

该片是全球范围内首度对东黑冠长臂猿进行的深度报道，选题稀缺独特。该片用润物细无声的方式和语态，讲述了中越两国共同保护长臂猿的故事，传播了命运共同体的理念，具有较高的专业创作水平。

作品简介

《方舟·东黑冠长臂猿》记录了东黑冠长臂猿这一神秘物种顽强生存的故事，以及中越两国对其开展跨境联合保护工作的成功实践，是世界上关于该物种的首部纪录长片。

新媒体展示

使用手机扫描下方二维码，即可观看本条获奖作品的新媒体展示。

作品标题 ▶ 最后的水上渔村

 作品信息

作品类型：电视类·专题
刊播单位：宿迁市广播电视总台
报送单位：江苏省广播电影电视协会
主创人员：周建鹏、朱颖、程中、杨俊、王铁男
作品时长：39 分 30 秒
播出栏目：《新唐风》
播出日期：2020 年 12 月 14 日

 推荐理由

该片把我国脱贫攻坚和长江流域即将全面禁捕这两大历史事件紧密结合起来，以小切口、大背景，彰显浓郁的家国情怀。该片脉络清晰、制作精良，不仅是一篇精品力作，而且也为后人留下珍贵的历史资料。

 新媒体展示

使用手机扫描下方二维码，即可观看本条获奖作品的新媒体展示。

 作品简介

该片主要讲述了在全国脱贫攻坚和长江流域即将全面禁捕的宏大时代背景下，洪泽湖水域最后一个水上渔村的渔民在党和政府的坚强领导下弃船上岸，逐渐摆脱贫困，过上幸福生活的故事。

| 作品标题 | 良　渚 |

作品信息

作品类型：电视类·专题
刊播单位：浙江广播电视集团
报送单位：浙江省广播电影电视学会
主创人员：史鲁杭、黄未、邱珏、王文炳、陈旭洲、许诣男
作品时长：23分/集，3集
播出栏目：纪录片
播出日期：2019年7月6日至8日

推荐理由

在新中国成立70周年及良渚申遗成功的重要时刻，三集纪录片《良渚》的播出及时而充分地向海内外电视观众展现了灿烂辉煌的良渚文明，达到了很好的宣传效果。

作品简介

良渚遗址是实证中华民族五千年文明的圣地。纪录片《良渚》为2019年浙江广播电视集团的重点项目，通过良渚考古发现中的亮点来展现古代中国社会生产和文化生活的图景及其对当代中国社会的影响。

新媒体展示

使用手机扫描下方二维码，即可观看本条获奖作品的新媒体展示。

图书在版编目(CIP)数据

中国广播电视大奖新媒体展示手册:2019—2020年度广播电视节目奖获奖作品/范卫平主编. --北京:中国传媒大学出版社,2022.5

(新时代中国优秀广播电视作品案例库)

ISBN 978-7-5657-3183-9

Ⅰ.①中⋯ Ⅱ.①范⋯ Ⅲ.①广播节目－作品集－中国－2019—2020 ②电视节目－作品集－中国－2019—2020 Ⅳ.①G229.2

中国版本图书馆CIP数据核字(2022)第046689号

中国广播电视大奖新媒体展示手册:2019—2020年度广播电视节目奖获奖作品
ZHONGGUO GUANGBO DIANSHI DAJIANG XINMEITI ZHANSHI SHOUCE:
2019—2020 NIANDU GUANGBO DIANSHI JIEMUJIANG HUOJIANG ZUOPIN

主　　编	范卫平
策划编辑	王雁来
责任编辑	王雁来
封面设计	风得信设计·阿东
责任印制	李志鹏

出版发行	中国传媒大学 出版社			
社　　址	北京市朝阳区定福庄东街1号	邮　编	100024	
电　　话	86-10-65450528　65450532	传　真	65779405	
网　　址	http://cucp.cuc.edu.cn			
经　　销	全国新华书店			
印　　刷	北京中科印刷有限公司			
开　　本	710mm×1000mm　1/16			
印　　张	9.5			
字　　数	179千字			
版　　次	2022年5月第1版			
印　　次	2022年5月第1次印刷			
书　　号	ISBN 978-7-5657-3183-9/G·3183	定　价	79.00元	

本社法律顾问:北京李伟斌律师事务所　郭建平

版权所有　　翻印必究　　印装错误　　负责调换